Um Lance de Dados

STÉPHANE MALLARMÉ

Um Lance de Dados

Edição Bilíngue

Álvaro Faleiros
Introdução, Organização e Tradução

Ateliê Editorial

Copyright © 2013 by Álvaro Faleiros (tradução)

Direitos reservados e protegidos pela Lei 9.610 de 19.2.1998.
É proibida a reprodução total ou parcial sem autorização, por escrito, da editora.

1ª ed. – 2013
2ª ed. (revista) – 2017
3ª ed. – 2023

Dados Internacionais de Catalogação na Publicação (CIP)
(Câmara Brasileira do Livro, SP, Brasil)

Mallarmé, Stéphane, 1842-1898.
 Um Lance de Dados = Un coup de dés jamais n'abolira le hasard / Stéphane Mallarmé ; [tradução Álvaro Faleiros]. – 3. ed. – Cotia, SP: Ateliê Editorial, 2023.

 Edição bilíngue: português/francês.
 ISBN 978-65-5580-104-0

 1. Análise literária 2. Crítica literária 3. Poesia francesa
 I. Título. II. Título: Un coup de dés jamais n'abolira le hasard.

23-151965   CDD-841

Índices para catálogo sistemático:
1. Poesia: Literatura Francesa 841
Aline Graziele Benitez - Bibliotecária - CRB-1/3129

Direitos reservados à

ATELIÊ EDITORIAL
Estrada da Aldeia de Carapicuíba, 897
06709-300 – Granja Viana – Cotia – SP
Tels.: (11) 4702-5915
www.atelie.com.br | contato@atelie.com.br
blog.atelie.com.br | facebook.com/atelieeditorial
instagram.com/atelie_editorial
2023

Printed in Brazil
Foi feito o depósito legal

SUMÁRIO

PREFÁCIO À 2ª EDIÇÃO: NÃO HOUVE
NAUFRÁGIO — *Sérgio Medeiros* 9

TRADUZIR MALLARMÉ É O LANCE DE DADOS —
Marcos Siscar. 11

REFRAÇÕES SOBRE *UM LANCE DE DADOS*
DE MALLARMÉ. 29
   1. Em possível viagem por *Um Lance de Dados*. . 30
   2. Retraduzir *Um Lance de Dados*.
      Contrapontos à sinfonia haroldiana 39
      2.1. Notas ao Prefácio e à sua Tradução 40
      2.2. A Tradução de *Um Lance de Dados* 42

POÈME 59
UN COUP DE DÉS 63
POEMA 85
UM LANCE DE DADOS. 89

PREFÁCIO À 2ª EDIÇÃO
NÃO HOUVE NAUFRÁGIO

Sérgio Medeiros

O romance *Finnegans Wake*, de James Joyce, começa com letra minúscula: "riverrun, past Eve and Adam's...", e termina sem ponto final: "A way a lone a last a loved a long the". Ou seja, o fim, que não é conclusivo, remete ao início, e tudo recomeça, como um rio que corresse em círculo. O romance de Joyce é de 1939.

O Poema (escrito com inicial maiúscula, para destacar talvez sua singularidade: não é igual a nenhum outro) de Mallarmé, cujo título me parece ser *Un coup de dés jamais n'abolira le hasard* (admito, porém, que o título poderia ser apenas *Poème*, e "Um lance de dados jamais abolirá o acaso" seu subtítulo) começa e termina com a mesma locução, "um lance de dados", o que mostra que essa obra, publicada em sua versão final em 1914, após a morte do autor, possui, como *Finnegans Wake*, uma estrutura circular.

Os dois textos mais radicais da literatura ocidental, o de 1914 e o de 1939, continuam insuperáveis. Obras absolutamente desconcertantes, para as quais os termos poesia e romance parecerão sempre inadequados, estão disponíveis, felizmente, em português do Brasil, para todos os leitores, graças à ousadia da Ateliê Editorial, casa de Joyce e de Mallarmé.

A presente tradução, assinada por Álvaro Faleiros, é uma reedição, mas diferente da primeira, porque volta igual e diferente, e parece afirmar que o naufrágio, evocado no poema (o subtítulo se parte e mergulha nas páginas do Poema, que é feito de detritos), não ocorreu. "Nada terá tido lugar senão o lugar", ou seja, o movimento cíclico anula tudo (o universo de Mallarmé é sem Deus, o qual foi substituído pelo Acaso, que acolhe a contradição e o paradoxo), e a poesia recomeça, mas esse recomeço nos introduz em outro texto, somos outro leitor, o tradutor é outro tradutor, e o Mestre volta a lançar os dados (ninguém pode afirmar que ele não os lançou jamais ou que, tendo hesitado, não possa vir a lançá-los mais tarde, no próximo círculo).

Quentin Meillassoux, num estudo curioso e inventivo intitulado *Le Nombre et la sirène: Un déchiffrage du* Coup de dés *de Mallarmé*, afirma que o Poema radicaliza aparentemente a *entreprise* do verso livre. Porém, ao contrário de defender o verso livre, ele propõe, segundo Meillassoux, uma nova forma, a qual não é apenas a defesa de um gênero novo, mas, paradoxalmente, a defesa indireta do verso antigo e da rima.

Tudo passa e tudo retorna (o verso livre, o alexandrino, a rima) entre o primeiro "lance de dados" e o último, que na verdade é o primeiro de um novo ciclo.

Eis a beleza desta obra singular, cuja radicalidade continua a desafiar os leitores e os tradutores. Em seus respectivos ensaios, incluídos neste importante volume, Álvaro Faleiros e Marcos Siscar, especialistas em literatura francesa, nos ensinam a recomeçar a leitura, sempre.

TRADUZIR MALLARMÉ É O LANCE DE DADOS

Marcos Siscar

Álvaro Faleiros tem razão em não renunciar à tradução que Haroldo de Campos fez do poema *Un coup de dés jamais n'abolira le hasard* (1974). Não apenas porque se vale dela (e de seus comentários) produtivamente, mas também porque o mérito de um trabalho de tradução não se mede pelo simples poder de negação da leitura anterior. O que está em jogo é antes a capacidade que teria de colocar-se como herdeiro, de certo modo, de *reatualizar* a tradição, buscando novas condições de "permanência" em uma época interpretada como de esgotamento, inclusive da lógica da "ruptura" (segundo a palavra de Octavio Paz, usada pelo tradutor) que animou a primeira tradução do poema.

Com relação a essa posição discursiva, Faleiros anota, em sua apresentação, que "não se trata mais de fazer da tradução uma arma na batalha contra um pretenso conservadorismo ou parnasianismo reinante, mas, sobretudo, fazer da tradução um instrumento de reflexão sobre o que está em jogo no ato de traduzir e no texto traduzido". E, de fato, ainda que a reflexão sobre o traduzir não estivesse ausente do trabalho de Haroldo de Campos, é notório e conhecido o caráter militante de sua atividade, na perspectiva dos valores de "invenção" defendidos pela poesia concreta, antes que não considerasse terminado o ciclo "utópico" das vanguardas, em artigo de 1984.

No texto de *Un coup de dés* assinado por Haroldo, as opções do trabalho de tradução, documentadas por um grande número de notas explicativas, encontram justificativa em uma ideia de *praxis* poética formulada em "Por uma Poética Sincrônica" (Campos, 1969); ou já no artigo "Da Tradução como Criação e como Crítica" (Campos, 1967), com o auxílio de princípios teóricos formalistas e estruturalistas. Ali, a história literária é subordinada a um ponto de vista contemporâneo sobre o valor poético, gesto que produz e legitima ostensivamente a sinonímia entre o sentido da tradição e a "estratégia" poética e política do presente. O resultado dessa visão tradutória baseada na criatividade dos recursos expressivos e nas soluções poeticamente "válidas" em português dá destaque, naquele caso, aos problemas de macroestrutura visual e sintática, e aos problemas léxicos e morfológicos ligados à valorização do *significante* (entendido como aspecto material e mensurável da linguagem).

Independentemente da historicidade de qualquer ponto de vista sobre o passado, o estabelecimento, como *modelo* de visão histórica, dessa equivalência entre o sentido da tradição e a estratégia do presente sempre foi o ponto mais problemático e polêmico da atividade de tradução dos poetas concretistas. Não há como evitar, em tradução, que esse tipo de perspectiva em relação ao passado acabe estimulando e ao mesmo tempo legitimando, não apenas a criatividade, mas também as excentricidades e cacoetes pessoais do tradutor, independentemente do interesse que tenham. Em Haroldo, o uso de palavras raras e inusuais, o gosto pelo preciosismo lexical e por uma certa estranheza sintática, presentes em praticamente toda sua prática poética, indicam um esforço contínuo de elevar o grau de impacto do caráter digamos "não comunicativo" da poesia. A preocupação é legítima, em especial no caso de Mallarmé, mas a partir de uma interpretação específica e, a meu ver, *datada* (e por isso mesmo *histórica*, relevante à sua maneira) daquilo que seria o sentido de sua recusa da comunicação. Com efeito, é preciso lembrar que a recusa da comunicação mallarmeana não tem, necessariamente, relação com os valores da vanguarda, ou seja: não tem relação com a antecipação da poesia do futuro, nem com a ideia de uma autonomia positiva da obra poética. A simples menção ao prefácio de *Un coup de dés*, além de raras frases descontextualizadas de sua prosa crítica (*corpus* principal do entendimento de Mallarmé pelos concretos, ao lado dos poemas mais complexos sintaticamente) não é suficiente para a compreensão de seu projeto poético. Tal tarefa, deixada em suspenso pela urgência da leitura "criativa", é pressuposta pela nova tradução de Faleiros.

Não se trata apenas de opor ao trabalho de tradução "inventiva" a necessidade de um trabalho "filológico", do estudo do texto contextualizado em sua época e em sua lingua, motivo de polêmicas que envolveram o trabalho de tradução dos poetas concretos (aliás, muito menos numerosas do que aquelas envolvendo seu trabalho crítico e poético, o que, se sugere uma certa marginalidade da tradução, como gênero, pode também indicar o grau de aceitação que esse trabalho tem desfrutado). Aquilo que chamamos genericamente de estudo filológico é simplesmente o pressuposto mínimo de qualquer tradução. Embora o nível de exigência que se tem em relação ao trabalho de leitura dependa, é claro, do contexto intelectual e editorial em que se insere, não há obra de tradução sem um gesto que vá no sentido do entendimento de seu objeto. Sem conhecimento filológico, a própria ideia de criatividade em tradução se reduziria a uma impostura.

Mas há um outro viés pelo qual o trabalho filológico e a estratégia da invenção se cruzam. Trata-se de reconhecer que, por outro lado, a filologia também tem uma história, um modo de se relacionar com o conhecimento do passado, também carrega um interesse e uma estratégia, ou seja, também é resultado de uma projeção, de um *investimento* (no sentido psicanalítico) e, por que não dizer, de uma criatividade de elaboração histórica. Essa cumplicidade não resulta, de modo algum, em uma relativização sem critérios da atividade de leitura e tradução. Trata-se, antes, de reconhecer que a tradução não pode operar senão no cálculo das *diferenças*, e não exatamente no das identidades entre os textos; que o tradutor está sempre diante de uma responsabilidade, ou de um desafio, não apenas diante de seus leitores, mas também diante do texto traduzido; que seu desafio coloca em jogo o tipo de relação que ele tem com a "verdade" (como se diz em filosofia) ou com o "sentido" (como se diz em linguística) do texto traduzido – ou seja, com um certo tipo de alteridade. Ora, tanto a tradução "filológica" quanto a tradução "inventiva", tradicionalmente, tendem a sustentar-se sobre a hipótese de que o texto tem um sentido determinado e acessível ao discurso, quer este sentido se localize no valor do presente (caracterizando a tradução como um caso de atualização, por homologia) quer esteja na convenção do passado (o que faria da tradução um tipo de arqueologia). Ambos os procedimentos reiteram, ainda que de modos diferentes, uma relação com a metafísica e com a história do texto como identidade.

Penso que uma outra maneira de abordar a questão seria colocar a ênfase não na identidade do texto, mas em seu aspecto estranho e estrangeiro (*l'étranger*). Retomo essa ideia do trabalho de Antoine Berman (1984), que historiou e teorizou a prova ou a experiência (*épreuve*) de uma certa estranheza. A prova do estrangeiro é o imperativo que aciona e media a tarefa da tradução e envolve, portanto, uma "ética da tradução". Esse *imperativo* consiste em encarar o desafio da obra estrangeira, dando atenção à sua riqueza filosófica, linguística e antropológica, optando por soluções que não obliterem seu impacto e sua dissonância em relação ao *texto* (língua, cultura ou situação) de chegada. Berman não deixou de fazer de sua "analítica da tradução" um modo de valorizar soluções formais excêntricas, se comparadas às liberdades previsíveis e narcísicas das *belles infidèles*, à maneira francesa, ou seja, traduções cuja liberdade ferem propositalmente, como que por método, a especificidade da obra estrangeira e a adaptam livremente ao caldo de cultura na qual passam a se inserir. O teórico cita, inclusive, Haroldo de Campos e Octávio Paz, entre outros tradutores de John Donne, como leitores atentos a essa estranheza da poesia (Berman, 1995).

Poderíamos nos perguntar se a poética sincrônica aplicada à tradução não resultaria, do ponto de vista teórico, em uma domesticação da estranheza pela via da identidade ou da homologia de um presente. Berman não trata desse assunto. Entretanto, apesar de sua "crítica da tradução" enveredar por outros caminhos, acredito que é importante tirar consequências daquilo que o teórico defende como sendo o *imperativo* da tradução, até para evitar a tentação de transformar a "ética da tradução" em uma *moral* da tradução, ou seja, de transformar a experiência da estranheza em uma lei abstrata e instrumentalizável. Embora o conceito de *étranger* possa parecer desconcertante, ele designa de modo bastante objetivo, não uma solução metodológica, mas um desafio ao tradutor.

No caso de Mallarmé, acredito, essa prova do estrangeiro não pode ser pensada *do mesmo modo* em que se colocava na época de militância concretista, quando o autor foi considerado a grande figura anunciadora da vanguarda poética experimental, graças justamente ao poema cujo nome, reduzido, ficou conhecido como *Un coup de dés*, um dos poemas mais enigmáticos da poesia moderna. Reiterar a lógica dessa leitura, e dessa relação com o texto, é alimentar uma visão de linguagem que nos limita na aventura do reconhecimento da *dificuldade* que a obra de Mallarmé apresenta para nós, hoje; significa reiterar palavras de ordem que a tomaram, ao longo do século XX, ora como herói ora como vilão da história da poesia moderna. Paralelamente, é importante resgatar o poeta dos ataques do ceticismo crítico contemporâneo que coincidem com o desejo da *tabula rasa*, ou seja, com o gesto que dá por encerrada a narrativa histórica das obras do passado, desejo inclusive mais enfático no caso de obras que tiveram peso nos debates recentes.

Por que reler ou por que retraduzir Mallarmé? Se traduzir é uma forma de "amar", como dizia Augusto de Campos (1978), a resposta a essa questão corresponderia às nossas razões, hoje, de partilhar o interesse ou o amor pela poesia.

Mallarmé não é apenas um poeta hermético, no sentido do ocultamento ou do ciframento de significados (como queriam as vanguardas do início do século XX), nem exatamente um poeta experimental (ao gosto das vanguardas de meados do século). Historicamente, sua recepção agenciou essas leituras. Entretanto, parece-me importante destacar o que elas silenciam: a dificuldade específica do autor, baseada em uma alteração no nível de leitura, na qual a estranheza tem um sentido poético que transborda para a questão da própria poesia, de sua razão de ser, que o poeta interpreta frequentemente (de maneira mais imediata, nos seus "poemas críticos") na perspectiva de sua inserção na história e no campo da cultura no final do século XIX. A dificuldade e a estranheza de Mallarmé nos interessariam, hoje, por motivos diferentes daqueles que a destacaram no século passado.

As posições que tomou contra o ideário técnico, comercial e estupidificante da cultura burguesa moderna – preocupação que herdou, como outros, de Baudelaire – não levou Mallarmé a um saudosismo histórico nem a um *pathos* profético. Embora marcado por semas de desolação e impotência, *Un coup de dès* (1998) não reitera a ideia tradicional de hermetismo e não oferece nem mesmo grande resistência à paráfrase, desde que o leitor esteja disposto a compreender o poema no contexto do trabalho de Mallarmé, de suas formulações críticas, de sua trajetória, do seu "projeto" – que envolve tanto a poética, quanto a estética, de modo geral, ou ainda sua filosofia, sua linguística, sua antropologia. Nesse sentido, o poema não precisa de "chaves" de leitura restritas a iniciados, mas de uma aproximação filologicamente responsável. Se é significativo, para a leitura de *Un coup de dés*, que Mallarmé o tenha concebido *deste modo*, ou seja, que tenha optado por um desvio significativo do "hábito", dos padrões convencionais, o sentido dessa escolha não encontra apoio na ideia posterior da experimentação formal. Das várias tentativas de aproximação que Valéry tentou do poema, vale a pena mencionar a ideia de que *Un coup de dés* foi o resultado, não de uma derrota ou de uma conquista, mas de "uma crise ou aventura intelectual" que, em Mallarmé – inclusive na forma de sua conhecida recusa da *comunicação* – é geralmente associada aos deslocamentos históricos da poesia. Assim, se o poema *Un coup de dés* tem uma trajetória forte de relação com o século XX, por outro lado, não pode ser desvinculado de sua situação no século XIX, além é claro da situação de sua leitura nos primórdios do século XXI.

Em outras palavras, sem pretender negar a produtividade histórica de Mallarmé, mais de três décadas depois, no momento em que se trata de reler ou de retraduzir o poeta, de repensar seu acontecimento, é preciso lembrar que parte de sua estranheza (aquilo que há de desconcertante no seu *lance*) está relacionada com a riqueza de seu diálogo com a tradição e das respostas que ele dá ao seu contemporâneo. Ou seja, com um tipo de filologia. Por outro lado, esse deslocamento crítico na leitura do poeta, reforçado pelo conhecimento mais afinado do projeto autoral e daquilo que está em jogo nesse projeto, encontra apoio nas inquietações de nossa época quanto ao sentido da história literária e da própria poesia, expostas àquilo que se interpreta como a ameaça de esvaziamento do espaço político e a patrimonialização da cultura. Se o estudo do sentido histórico da obra de Mallarmé é antigo na sua crítica, um novo acontecimento poético de Mallarmé solicitaria igualmente a compreensão que o próprio autor tinha de sua relação com a história (Rancière, 1996), e dos recursos que a poesia dispunha ou desejava dispor para interagir com sua situação. Especificamente no que diz respeito a *Un coup de dés*, são preocupações que encontramos em estudos recentes de Michel Murat (2005) e Nikolaj d'Origny Lubecker (2003).

Até por isso, o que está em questão para o tradutor, hoje, não é a *revisão* da história da poesia (a ser recontada, por exemplo, a partir de critérios ideologicamente mais aceitáveis), mas a exploração dos pontos mal resolvidos dessa história, seus pontos de não fechamento, aqueles justamente em que nossos próprios problemas se agravam. A tradução poderia assim arriscar-se a dar um novo *uso* à tradição, aceitando-a como legado ativo, evitando tanto a rarefação quanto a mumificação sufocantes do passado. Focado em um conhecimento mais respeitoso do projeto do autor e, ao mesmo tempo (pela valorização de suas contradições produtivas), na questão crítica de seu interesse contemporâneo, o gesto de releitura teria o mérito não apenas de promover uma outra perspectiva do passado, mas de nos ajudar a entender o que fazemos com a poesia no presente. O que se trata de entender e de justificar em uma tradução é portanto, eu diria, aquilo que se apresenta como o *imperativo* da obra de Mallarmé.

A atitude hermenêutica de Faleiros, nesse sentido, não deixa de dar condições objetivas a essa preocupação em *reler* o poeta a partir de seus vínculos com a tradição. Ao questionar, hoje, o sentido do poema de Mallarmé e ao responder a ele com a exigência da reconstituição de traços do projeto autoral, o tradutor não se opõe à leitura anterior, nem meramente a completa. O gesto tem outro sentido. A meu ver, seu trabalho – independentemente da maior ou menor ambição que o justifica – é um passo que se faz na direção da *cisma*, isto é, de uma atitude inquieta diante da experiência poética que ganha valor como resistência a um determinado consenso de leitura – ou de inibição da leitura, se quisermos.

Faleiros ainda destaca o aspecto visual do poema. De fato, não deveria ignorá-lo. Porém o lugar que ele ocupa no projeto é complexo e já foi assunto de várias revisões críticas, ao longo do tempo. Mesmo Valéry (cujos comentários sobre a concepção de *Un coup de dés* são constantemente associados ao poema, correndo o risco de confundirem-se com seu sentido histórico) não separa o aspecto visual daquilo que chama "figuras de pensamento" (Valéry, 1957). Ou seja, o visual não é exatamente um suporte, uma mídia a ser mobilizada na "comunicação poética". Ele aparece como função da "versificação", de um pensamento do poema retomado naquilo que tem de tensão (ou "interregno") significativa(o) no âmbito da "crise", que é tanto intelectual quanto histórica.

As justificativas da nova tradução do poema apoiam-se em cuidadosa moderação, ao comentar a tradução anterior. Sem dúvida, a preocupação confirma que traduzir não é participar de um campeonato de virtuoses. Para distinguir o peso relativo das obras – criativas e de tradução – o campo literário tem seus mecanismos específicos. Se não se trata de decifrar de uma vez por todas aquilo que de fato não carrega um sentido cifrado, por outro lado, não se pode desconsiderar a decisão assumida de reler o texto em uma perspectiva que dá novo sentido às leituras precedentes, revelando-lhe os imperativos e tomadas de partido subjacentes.

A estratégia de Faleiros, como que para "humanizar" (segundo ele) o poema, consiste na disposição de dar-lhe uma nova atenção, retirando-o do maquinário concretista no qual funciona como um dos dispositivos, aliás de destacada importância. Humanizar quereria dizer, aqui, dar atenção ao acontecimento de um texto reiteradamente submetido à prova de uma "mecânica" histórica, resgatá-lo de abordagens desgastadas em razão de sua própria força de persuasão: quer seja a do Mallarmé experimental, quer seja o Mallarmé tomado pelo hermetismo místico e pelo conservadorismo político (leitura que, das primeiras vanguardas do século XX, se estendeu a praticamente toda a tradição crítica marxista). Com o cuidado de não transformar o mérito da releitura em um ralo elogio à experiência do poema, deveríamos lembrar que na releitura de Mallarmé está em jogo também a necessidade de se "inventar um problema", como diz Faleiros, com o auxílio de Meschonnic.

Desse modo, em paralelo com a moderação crítica, encontramos um tradutor decidido a explicitar didaticamente suas opções particulares, seus desvios em relação à tradução de Haroldo de Campos. Em suma, a explicar o poema, a rever elementos de gramática, a readequar o tom do poema, a detalhar o sentido e a importância de suas figuras. Sua leitura propõe uma outra abordagem para ambiguidades resolvidas ou dissolvidas na tradução de Haroldo, tantas vezes em razão da ênfase no "sistema aliterativo de termos circundantes", que sistematicamente amplifica a idiossincrasia do registro linguístico. A precisão tradutória, como reivindica o tradutor, não está apenas na "macroestrutura", ou seja na concepção de poesia que justificaria intervenções homogêneas interferindo nas sutilezas do texto, mas também na "microestrutura", cuja singularidade – acrescento – depende de um vai e vem constante entre a "historicidade" da obra e suas necessidades de formulação, oscilando entre as escalas do grande e do pequeno, ou seja, entre a macro e a microestrutura. Se há uma tendência, um empenho do tradutor, em resolver questões relativas ao léxico, isso se explica em grande parte pela tentativa de entender as "figuras" de pensamento que o poema cultiva, considerado o contexto do discurso mallarmeano.

Faleiros distingue termos confundidos pela tradução de Haroldo, refaz o traçado de determinadas metáforas, adota soluções menos glamourosas para nossos hábitos poéticos (como a substantivação de verbos), a fim de enfatizar a percepção das contrariedades do poema. A precisão hermenêutica, trazida aqui para a microestrutura, tem o interesse de deslocar o "problema" Mallarmé. Com o enfraquecimento da ideia tradicional de um poeta deslumbrado por afiches e tipos de jornal (informação colhida em uma frase de Valéry e generalizada abusivamente, transformando Mallarmé em Maiakovsky), podemos reconhecer um poeta que dramatiza a relação insolúvel entre a constelação e o abismo, a proximidade entre um lance de dados e a leveza de uma pluma, a diferença entre o abismo e o vórtice, a relação sutil e paradoxal entre um bater de asas e o naufrágio etc. E que, para fazê-lo, coloca em cena um jogo de oscilações que se distribui no espaço (verticalidade, horizontalidade), enfatizando os pontos de cruzamento e de conflito de uma certa versificação.

Não é o caso de rever aqui a questão do sentido da visualidade (ou melhor, do "branco" silencioso) do poema que, bem antes da leitura concretista, já se manifestava no debate sobre a sintaxe do poema. Gardner Davies (1953) argumenta que a análise por temas e subtemas musicais, como numa partitura sinfônica (leitura, aliás, assertada por Mallarmé no prefácio do poema), não resiste à constatação da linearidade sintática, que o teórico reconstitui, explica e formaliza. O poema seria uma mistura de prosa e verso livre, que poderia muito bem ser comparado a um dos longos parágrafos da prosa crítica de *Divagations* (à qual não faltam as interferências dos parênteses, das aposições, das elipses e das inversões). Em que pese a oposição um tanto forçada entre intelectualismo e visualidade, em Davies (sua tendência à "prosificação" da poesia, segundo a objeção posterior de Robert Greer Cohn), independentemente do que isso signifique em termos do papel do elemento visual, é preciso lembrar que *Un coup de dés* se insere em um debate já nomeado e analisado pelo próprio Mallarmé a respeito das novas formas do verso, ou da "crise" no verso que, para ele, é crise *de* verso, ou seja, tem um sentido produtivo de modulação conflituosa dentro do próprio verso, depois do esgarçamento da metrificação tradicional. *Un coup de dés* é um momento, e dos mais extremos, da *crise* estética e intelectual de Mallarmé; no fundo, de sua poética da crise. O "branco" em Mallarmé não tem um sentido de ruptura em relação ao verbal, nem mesmo em relação à versificação, em certo sentido. Pensar o "visual", aqui, como nos incita Mallarmé ao falar da "Página", é analisar um modo de conceber a versificação, no nível em que esteja em jogo a questão de sua "unidade", ou seja, seu modo de se relacionar com a crise.

Até por isso, essa "crise" deveria ser pensada igualmente a partir de outras associações importantes no contexto da obra mallarmeana, em particular com sua prosa crítica. Além disso, seria preciso resgatar o parentesco evidente de *Un coup de dés* com o projeto da terceira parte do poema inacabado *Igitur* (projetada para chamar-se *Le coup de dés*) e que Mallarmé deixou em estado de "esquema". *Igitur*, definido como "conto" (*conte*; palavra que Faleiros aproxima da questão do Número – o cálculo, a conta, o *compte* – pela forma sintética do "contar"), é conhecido como o poema da "impotência" do poeta e da poesia diante do Absoluto. Uma proximidade com o suicídio idealista da personagem *Axel*, na peça de Villiers de l'Isle-Adam, parece colocar-se. Como em *Axel*, a personagem de Mallarmé acaba por "deitar-se no túmulo"; mas, também como em *Axel*, ela o faz em razão do desconsolo com a justiça dos homens ("Ninguém o sabe, ele está desconsolado com a humanidade", dizem as anotações de Mallarmé;

1998). Ou seja, a questão histórica é colocada em perspectiva, ela emerge de modo distinto de um sintoma, como sentido da ideia de impotência que, em Mallarmé, é alegorizada (no deitar-se sobre o túmulo) e recolocada em jogo pela poesia (pelo cálculo das possibilidades, por um certo modo de empenhar a poesia). Ou seja, a impotência e o vazio não constituem um recalque histórico da poesia, mas um espaço iluminado pelo poema. Nesse sentido, se há um "Castelo da pureza" (uma torre de marfim, se quisermos) que "permanece" nas últimas palavras de *Igitur*, depois da partida significativa da idealidade do "Nada", encontramos em Mallarmé menos um poeta do isolamento do que um poeta da altura. A *torre* ("a mais alta torre", dizia Rimbaud) não é exatamente o lugar onde se refugia o poeta, mas a altura de onde deixa escorrer uma espécie de *ennui* (marca inequívoca da admiração pela obra de Baudelaire), um sentimento de crise que tem como função, ainda que indireta ou paradoxal, de iluminar, de dimensionar o espaço vazio, de dar dimensão humana à sua insignificância.

Um mesmo tipo de gesto reaparece no *Coup de Dés*, quando o bater de asas branco do abismo se suspende por um instante, para quedar-se lentamente, ao longo da página, até reencontrar a vela do barco, tombando no mesmo sentido do casco na cena do naufrágio. Explicitada a metonímia da vela caída como naufrágio da poesia, fica clara a importância deste outro momento: o do bater de asas (que lembra o movimento aéreo dos leques, em Mallarmé), a da "pluma solitária" que volteia à beira da voragem do *gouffre*, que se mantém suspensa, sem fugir dele nem render-se a ele, permanecendo "rítmica", mantendo no horizonte o "virgem indício" da perdição. Dessa perspectiva, o poema não perde nada de sua relevância como drama no qual se podem os gestos do poeta e da poesia diante das questões contemporâneas ("Naufrágio isto / direto do homem", diz *Un coup de dés*): a fragilidade suspensa da poesia, sua maravilhosa fragilidade diante dos naufrágios que ininterruptamente a requisitam, é uma contraparte das correntes marítimas e, portanto, um tipo de dramatização da violência consensual dos fluxos culturais que a excluem, ou que a recuperam com uma bem medida tolerância ou complacência.

Mas *Un coup de dés* não se limita a armar uma grande alegoria do destino da poesia. De fato, estamos diante da cena de um naufrágio e da figura respeitosa de um "Mestre", no alto (como as plumas e brancos que planam), um ancião que, do fundo do naufrágio, ousa atirar os dados ao encontro de seus herdeiros, em meio à bruma do acaso. A frase segundo a qual "um lance de dados jamais abolirá o acaso", embora sentenciando a "queda", a impossibilidade de vencer o arbitrário, entretanto, só é desvelada ao longo e ao fim do poema, na extensão de seu lance. É suspensa, adiada. Se a poesia é, aqui, uma "insinuação" (uma ênfase no não dito, mais do que na nomeação direta de algum "pensamento"), é também no sentido de que sua experiência da forma é colocada em jogo no voo e na suspensão da coisa solitária e rítmica, na audácia de dizer o paradoxo da herança "em desaparição", dirigida ao improvável leitor, seu "ulterior demônio imemorial". A recusa da comunicabilidade funciona como um gesto *de crise*, isto é, de ênfase na crise, de valorização da crise, da contrariedade de um discurso que coloca o gesto *crítico* em primeiro plano.

Não se trata portanto de uma tentativa de sair da crise pela fundação positiva e autônoma de novos suportes de poesia, pela conquista de algum "acesso ao Absoluto", ainda que estético. Diferentemente do que diz Davies, o sujeito poético mallarmeano não é aquele que tenta atravessar o território das sereias até a "reapropriação" identitária da "Noção pura" (ou, se quisermos, a "poesia pura"). Mallarmé não é Ulisses. É antes um poeta do naufrágio poético que, diferentemente do que dizem o historiador ou o sociólogo, nos apresenta a contradição da poesia em crise, e não uma saída da crise sem poesia.

Responder à estranheza de Mallarmé, num sentido que interessa a essa outra virada de século prenhe de naufrágios (e, ao mesmo tempo, sequiosa por abandonar as tensões da crise, por resolvê-la *enfim*), seria dar uma resposta poética à aceitação incrivelmente rápida da ideia histórica do fim da história. Ainda há lugar para Mallarmé, hoje? Retraduzir *Un coup de dés* terá sido o lance de dados.

Referências

BERMAN, Antoine. *L'épreuve de l'étranger: culture et traduction dans l'Allemagne romantique*. Paris, Gallimard, 1984.

_____ . *Pour une critique des traductions: John Donne*. Paris, Gallimard, 1995.

CAMPOS, Augusto de; CAMPOS, Haroldo de; PIGNATARI, Décio. *Mallarmé*. São Paulo, Perspectiva, 1974.

CAMPOS, Augusto de. *Verso Reverso Controverso*. São Paulo, Perspectiva, 1978.

CAMPOS, Haroldo de. *A Arte no Horizonte do Provável*. São Paulo, Perspectiva, 1969.

_____ . *Metalinguagem*. Petrópolis, Vozes, 1967.

COHN, Robert Greer. *L'oeuvre de Mallarmé: Un coup de dés*. Paris, Librairie des Lettres, 1951.

DAVIES, Gardner. *Vers une explication rationnelle du Coup de Dés*. Paris, José Corti, 1953.

LUBECKER, Nikolaj. "D'origny". *Le sacrifice de la sirène. "Un coup de dés" et la poétique de Stéphane Mallarmé*. Copenhagen, Univ. Copenhagen, 2003.

MALLARMÉ, Stéphane. *Oeuvres Complètes*. Vol. I. Paris, Gallimard, 1998.

MURAT, Michel. *Le Coup de Dés de Mallarmé*. Paris, Belin, 2005.

RANCIÈRE, Jacques. *Mallarmé: La politique de la sirène*. Paris, Hachette, 1996.

VALÉRY, Paul. *Oeuvres*. Vol. I. Paris, Gallimard, 1957.

REFRAÇÕES SOBRE *UM LANCE DE DADOS* DE MALLARMÉ

Dentre as diferentes formas de se pensar a literatura, é possível concebê-la, de acordo com André Lefevere[1], como um sistema de refrações, no qual distintos textos e poéticas são adaptados por e em um determinado sistema receptor. Esse sistema de refrações – que inclui interpretações, resumos, excertos, crítica e tradução – tem um papel fundamental na constituição e transformação da literatura.

Neste livro proponho diferentes refrações a *Um Lance de Dados* de Mallarmé, que culminam com a apresentação de uma nova tradução do poema. Esta é precedida por uma leitura crítica do poema mallarmaico e seguida por uma apresentação de proposta tradutória na qual se discutem aspectos da tradução de Haroldo de Campos.

---

1. André Lefevere, "Mother Courage's Cucumbers: Text, System, and Refraction in a Theory", em Lawrence Venuti, *The Translation Studies Reader*, Oxford, Oxford University Press, 1999.

1. Em possível viagem por *Um Lance de Dados*

> *Et dès lors, je me suis baigné dans le Poème*
> *De la Mer, infusé d'astres, et lactescent,*
> *Dévorant les azurs verts; où, flottaison blême*
> *Et ravie, un noyé pensif parfois descend;*
> Rimbaud

O percurso aqui proposto concentra-se no aspecto tipográfico do poema, o que desconsidera, em parte, áreas das subdivisões prismáticas que permeiam o texto. A linearidade na apresentação do texto possibilita a emergência de redes e de tensões que se encontram dissolvidas na constelação; porém, é só na obra que os astros lançados cintilam com todo o esplendor que lhes é próprio.

Em seu prefácio, Mallarmé atenta para o fato de que a "Diferença de caracteres de impressão entre o motivo preponderante, um secundário e outros adjacentes, dita a importância de sua emissão oral". É possível, pois, vislumbrar esses dois eixos como questões centrais, temas que perpassam a sinfonia que é o poema e que se subdividem prismaticamente pelo texto; fios latentes que se retraem, expandem-se e escapam nos desvãos do pensamento, para que se desenhe, de forma lacunar, trágica e constelar, o que se chamou de "a figura de um pensamento, pela primeira vez, colocada em nosso espaço"[2]; e, no embate entre o Ser e o Nada, assiste-se ao "espetáculo ideográfico de uma crise ou aventura intelectual"[3].

---

2. Paul Valéry, *Variété II*, Paris, Gallimard, 1930, p. 178.
3. *Idem*, p. 182.

Como assinala Augusto de Campos[4], a coluna dorsal, motivo preponderante que salta aos olhos já nas primeiras palavras é "UM LANCE DE DADOS / JAMAIS / ABOLIRÁ / O ACASO". O lance de dados ressurge na última linha do poema na sentença "Todo Pensamento emite um Lance de Dados". O jogo é o pensamento que surge e que se faz, mas não abole acaso, o ocaso, o nada[5]. Nomear o mundo e nomear-se é ato que acompanha a consciência da morte, drama fundamental, tragédia inevitável, condição que não se controla e que nenhum gesto detém e, contudo, o homem produz linguagem, abre parênteses, cifra, por ironia, até o que não pode nomear.

Abre-se o motivo secundário, hipótese, pergunta à sombra da assertiva principal: "COMO SE [...] COMO SE [...] / SE / FOSSE / O NÚMERO / SERIA". O número – equação – propõe, *em* sua abstração e *por* sua abstração, instrumentos de leitura do mundo, os números são linguagem; como palavras formam sistemas, dão forma às ideias. O poema, por exemplo, o soneto, é também equação: quatorze linhas que podem formar quatro estrofes, duas de quatro e duas de três versos; versos de sete, oito, dez, doze sílabas poéticas... Neste poema, o itálico marca graficamente a hipótese do número, da linguagem – o Ser – ante a eterna tese do acaso – o Nada. Os itálicos surgem, aliás, no meio do poema; no início e no fim são os lugares do inevitável embate; ante o acaso, o homem e sua tragédia, sempre em caracteres normais.

---

4. Augusto de Campos, "Poesia, Estrutura" em Haroldo de Campos *et al.*, *Mallarmé*, São Paulo, Perspectiva, 1991, p. 179.

5. Cf. Emille Noulet, *Suites*, Paris, Editions des Artistes, 1959, p. 23.

Estes assumem tamanhos variáveis, dispostos, de início, ao longo das cinco primeiras páginas duplas. Na abertura, apenas o título "UM LANCE DE DADOS" estampado bem no alto, lugar de onde surge o pensamento. Vira-se a página e, após longo silêncio de uma página e meia, surge "JAMAIS" e, logo abaixo, em um primeiro desdobramento, lê-se também em maiúsculas "AINDA QUE LANÇADO EM CIRCUNSTÂNCIAS ETERNAS / DO FUNDO DE UM NAUFRÁGIO". Há naufrágio, bem embaixo da segunda página dupla, ainda que lançado na "circunstância eterna" do simulacro da palavra; que a literatura permite – a escrita projeta, desacelera o tempo, prolonga-nos.

Esta frase, pelos seus caracteres, forma um outro motivo, complementar ao principal, em que se observa o Mestre, aquele que emite um gesto talvez capaz de iluminar: "AINDA QUE LANÇADO EM CIRCUNSTÂNCIAS ETERNAS / DO FUNDO DE UM NAUFRÁGIO / SEJA / O MESTRE / EXISTIRIA / COMEÇARIA E CESSARIA / CIFRAR-SE-IA / ILUMINARIA / NADA / TERÁ TIDO O LUGAR / SENÃO O LUGAR / EXCETO / TALVEZ / UMA CONSTELAÇÃO". O tema do Mestre, contudo, no início, mantém-se latente e só passa a desenvolver-se após a hipótese da linguagem (os itálicos). Antes, há um longo trecho que se dá em pleno naufrágio.

O naufrágio é subdividido em dois momentos: um em que se descreve o barco emborcado como abismo, e outro em que se vê o Mestre afogado, de mãos fechadas. É em alto-mar que ocorre o embate.

No primeiro momento, que corresponde à página que segue "DO FUNDO DE UM NAUFRÁGIO", lê-se, primeiramente, "SEJA" – verbo que é um fio latente, elo entre o final da primeira página e o início da página seguinte em que aparece o Mestre. Com exceção do verbo "seja", nesta página, há um longo texto escrito em caracteres normais e em minúsculas. Nele, mostra-se uma primeira imagem adjacente do naufrágio. Pode-se ler[6] no percurso marítimo feito do alto a baixo:

que / o Abismo / branco / estanque / furioso / sob uma inclinação / plane desesperadamente / de asa / a sua / já / antes caída de um mal de alçar voo / e cobrindo os jorros / cortando rente os saltos / no mais interior resuma / a sombra afundada na profundeza por esta vela alternativa / até adaptar / à envergadura / sua escancarada profundeza enquanto casco / de um barco / pendido de um ou de outro lado.

No abismo furioso e branco do acaso, estanque agora na página, a vela, asa caída, encontra-se mergulhada. Do barco, de cabeça para baixo, vê-se o casco pendulando desolado, imagem que se confunde com o próprio oco abissal. Momento profundo de desespero e queda ante o abismo, o Nada.

Na página dupla seguinte, espalha-se uma tessitura que oscila de um lado para o outro. A leitura linear dessa página pode ser apresentada da seguinte maneira:

O MESTRE / fora de antigos cálculos / onde a manobra com a idade esquecida / surgido / inferindo / outrora ele empunhava o leme / dessa conflagração / a seus pés / do horizonte unânime / que se / prepara / se agita e mescla / no punho que o apertava / como se ameaça / um destino e os ventos / o único Número que não pode / ser um outro / Espírito / para atirá-lo / na tempestade / repregar-lhe a divisão e passar altivo / hesita / cadáver pelo braço / separado do segredo que encerra / melhor / do que jogar / maníaco envelhecido / a partida / em nome das ondas / uma / invade

---

6. Algumas ambiguidades do texto de Mallarmé escapam à tradução. Sugere-se o cotejamento desta tradução com o original e, se possível, com outras traduções, como a de Haroldo de Campos.

a cabeça / escorre em barba submissa / naufrágio isto / direto do homem / sem nau / não importa /onde vã.

Jogado ao mar e distante do refúgio da embarcação, o Mestre surge e, antes de entregar-se ao jogo do maníaco cadavérico que é a morte, faz seu Número, o poema, único como o próprio Espírito. Em nome das ondas, agita o punho fechado e prepara para lançar-se, ainda que hesite pelos seus segredos.

Mas, se não abrir a mão crispada, o velho – verso, conjunção suprema com a probabilidade – será legado ao demônio imemorial do desaparecimento que sempre ameaça. O ancião tenta então a sua sorte. Ainda que ocioso, nascido de um embate do velho-Ser com o mar-Acaso, o gesto faz-se Núpcias e é, também, um véu de ilusão, o espectro de um gesto, loucura que, sabe-se, não abolirá o acaso. Assim releio a página dupla que segue, a última que precede o texto em itálico e que pode ser transposta assim:

ancestralmente a não abrir a mão / crispada / para além da inútil cabeça / legado na desaparição / para alguém / ambíguo / o ulterior demônio imemorial / tendo / de paragens nulas / induzido / o velho a versar para esta conjunção suprema com a probabilidade / aquele / sua sombra pueril / acariciada e polida e aparada e lavada / amaciada pela vaga e subtraída / dos ossos duros perdidos entre as pranchas / nascido / de um folguedo / o mar pelo ancião tentando ou o ancião contra o mar / uma sorte ociosa / Núpcias / cujo / véu de ilusão reflete sua obsessão / como o fantasma de um gesto / vacilará / abordará / loucura.

No momento que precede a encenação da hipótese do pensamento, do ato de fala, o mestre ancião, ainda que o saiba insano, ainda que saiba que não abolirá o acaso, arrisca um lance que, mesmo vacilante, se dá. Entra-se, desse modo, no âmbito do cifrável:

COMO SE / Uma insinuação / simples / ao silêncio / enrolada com ironia / ou / o mistério / precipitado / urrado / em algum próximo / turbilhão de hilaridade e de horror / volteia / em torno à voragem / sem o juncar / nem fugir / e embala seu virgem indício/ COMO SE.

O espaço possível da palavra sai do silêncio e é insinuação irônica ou mistério que se precipita. Se vier a encenar, o poema volteia com hilaridade e horror em torno à voragem (*gouffre*), mas não se rende, embala. Diante da tragédia, na página seguinte, ainda em itálicos, a linguagem calculada, mas cheia de horror e ironia, esvoaça:

pluma solitária perdida/ salvo / que a encontre ou a evoque uma touca de meia-noite / e imobilize / no veludo amarrotado por um riso sombrio / esta brancura rígida / derrisória / em oposição ao céu / demais / para não marcar / exiguamente / quem quer que / príncipe amargo do escolho / dela se penteie como do heroico / irresistível mas contido / por sua irrisória razão viril / em fúria /.

O que era antes vela submersa, asa caída, ao entrar no universo do cálculo da linguagem, torna-se pluma, voo solitário e perdido que se impõe, quando mordaz. Porém, o gesto irônico também é risco e, mesmo que apenas de leve toque (*éffleure*/desflore) o ridículo, pode levar ao naufrágio completo o príncipe amargo do abrolho[7], caso almeje ornar o gesto em demasia ou achar-se digno de ato heroico. Difícil medir o que está em jogo e lograr a luzir, riscar o céu em relâmpago:

inquieto / expiratório e púbere / mudo / riso / que / SE / A lúcida e senhorial crista / de vertigem / na face invisível / cintila / depois sombreia / uma estatura de-

---

7. Muitas vezes associado a Hamlet, como lembra Haroldo de Campos em *Mallarmé*, 1991, p. 134.

licada tenebrosa / de pé / em sua torsão de sereia / o tempo / de esbofetear / com impacientes escamas últimas / bifurcadas / uma rocha / falsa mansão / súbito / evaporada em brumas / que impôs / uma borda ao infinito.

O raio não surge seguro de si; inquieto, ele é riso mudo. Prossegue o temor do ridículo, da deformação, criar uma torsão ao invés de um torso de sereia. O poema, entretanto, exige um ato; que se corra o risco de um cálculo total, um salto para além do falso limite do infinito e, uma vez que se dissipa a bruma...

fosse / o número / *saída estelar* / existiria / *distinto da alucinação esparsa da agonia* / começaria e cessaria / *surdindo de negado e ocluso quando surgido / enfim / por alguma profusão ampliada em raridade* / cifrar-se-ia / *evidência da soma por pouco apenas uma* / iluminaria / seria / *pior / não / mais nem menos / indiferentemente mas tanto quanto* / o acaso / *Cai / a pluma / rítmico suspense do sinistro / sepultar-se / nas espumas originais / de onde há pouco sobressaltou seu delírio até um cimo / fenecido / pela neutralidade idêntica da voragem.*

Síntese das tensões, esta página marca o ápice do pensamento, nela o número-linguagem reluz. É gesto que ultrapassa a bruma – falso limite do infinito –, é alta saída estelar. Escape ambíguo, paradoxal como o Mestre que o alça, o poema-pensamento, caso se faça (os verbos estão no condicional), existiria simultaneamente quando começaria e cessaria, se cifraria e se iluminaria; ou seja, movimenta-se e para. O que se produz no final do percurso pode ser uma equação-poema que se ilumina. Mas esse raio, já quando surde (nasce) das profundezas, é negado e ocluso, é raro e efêmero, esbarra no inevitável e imponente Acaso.

Ante o Acaso, o último gesto da pluma (a escrita, os itálicos) só pode ser queda, tragédia, sinistro. Resta, pois, sepultar-se, não em qualquer lugar, mas nas espumas originais; esses silêncios primeiros que saltaram em delírio e tocaram o cimo e que, por isso, agora são estrelas.

Volta-se, em seguida, nas páginas finais, aos caracteres normais, lugar de embate entre o Mestre (o Ser) e o Acaso (o Nada), e o que se observa:

nada / da memorável crise / ou se tivesse / o acontecimento / cumprido em vista de todo resultado nulo / humano / terá tido lugar / uma elevação ordinária verte a ausência / senão o lugar / inferior marulho qualquer como que para dispersar o ato vazio / abruptamente que senão / por sua mentira / teria fundado / a perdição / nessas paragens / do vago / em que toda realidade se dissolve

No lugar mesmo do embate entre o Mestre e o Acaso, ao olhar-se, não se vê, em princípio, Nada. E nada de fato teria acontecido, salvo uma pista, as maiúsculas, onde se lê: nada / terá tido lugar / senão o lugar; ou seja, de fato algo aconteceu, teve lugar. O olhar primeiro, entretanto, vê sob o ângulo da crise; como se o percurso tivesse sido cumprido visando um resultado nulo.

Um ato vazio, mero marulho ordinário ante o imenso do mar. Nesse caso, estaríamos diante de uma mentira em que se dissolve a realidade ou, no melhor dos casos, ante uma elevação ordinária cujo conteúdo é ausência. Isso, caso não se considere o fio latente da frase em maiúscula que indica que o gesto fundou um lugar que, mesmo duvidoso, irônico, dissoluto, ambíguo, é um acontecimento (pensar).

Assim, na última página dupla, à esquerda, ocupa o alto uma resposta. Tudo, talvez seja mentira, um "vago / em que toda realidade se dissolve":

> EXCETO / na altitude / TALVEZ / tão longe quanto um lugar / fusiona com além.

A paginação desse trecho coincide aproximadamente com a disposição anterior das sentenças *"pluma solitária perdida"* e *"ERA / O NÚMERO / saída estelar"*, as duas em itálico (marca gráfica do pensamento). É na altitude que o pensamento se projeta, que a linguagem atinge a iluminação; (con)funde-se com o além. Este lugar está de fato além,

> fora o interesse / quanto a ele assinalado / em geral / segundo tal obliquidade por tal inclinação / de fogos / versar para / deve ser / o Setentrião também Norte / UMA CONSTELAÇÃO / fria de esquecimento e de desuso / não tanto / que ela não enumere / sobre alguma superfície vacante e superior / o choque sucessivo / sideralmente / de um contar total em formação / vigiando / duvidando / rolando / brilhando e meditando / antes de se deter / em algum ponto derradeiro que o sagre / Todo Pensamento emite um Lance de Dados.

O espaço que ocupa o poema, esse lugar de simulacro que é a ficção (o contar: cálculo e conto), deve estar fora do interesse, em um lugar de esquecimento e desuso. A inutilidade do poema não faz com que seja menos necessário, pois sua dessuetude não deve ser tanta a ponto de impedi-lo de enumerar, sobre alguma superfície vacante e superior, o choque sucessivo e sideral e um cômputo total em formação: a equação-poema do pensamento.

Em francês, na palavra *compte* (o contar), nota-se uma homofonia entre cômputo e conto. Mallarmé indica claramente, em seu prefácio, que seu texto situa-se no campo da ficção e, nos últimos versos, indica a importância desse simulacro, pois é o lugar onde o pensamento vigia, duvida, rola (põe-se em movimento), medita, para poder, por fim, deter-se em algum ponto último Sagração que não significa imobilidade, pois, no silêncio da página em branco, estão sempre em jogo, e de novo, os dados do pensamento, prontos para o ato da escritura, compreendida aqui, também, numa perspectiva barthesiana, em sua dimensão de gozo. Como assinala Leyla Perrone-Moisés[8]: "O gozo, nesse contexto, é o que o sujeito alcança no próprio malogro da relação sexual – que nunca pode suprir o desejo, como nada pode; que nunca pode fazer, de dois, o *Um*".

O malogro, entretanto, impele a um novo salto, pois como acrescenta a autora, "a *jouissance* é aquilo que nos arrebata e sacode, na escritura". Enfim, é o drama do jogo do homem dentro e pela linguagem apresentado por Mallarmé que orienta também este novo projeto de tradução, pensado, por sua vez, em relação a *Um Lance de Dados* proposto por Haroldo de Campos.

2. Retraduzir *Um Lance de Dados*. Contrapontos à sinfonia haroldiana[9]

A publicação da tradução de *Um Lance de Dados*, feita por Haroldo de Campos[10], é um marco, pois permitiu aos leitores brasi-

---

8. Leyla Perrone-Moisés, "Lição de Casa", em Roland Barthes, *Aula*, São Paulo, Perspectiva, 1980.

9. Uma versão reduzida desta discussão sobre a tradução de Haroldo de Campos foi publicada, em forma de artigo, na *Revista de Letras* da UNESP, número 47.1, janeiro/julho 2007.

10. *Mallarmé*, tradução, organização e notas de Haroldo de Campos, Augusto de Campos e Décio Pignatari, São Paulo, Perspectiva, 1974.

leiros entrar em contato com uma das mais importantes obras da história da literatura em uma cuidada edição, acompanhada de notas e análises, em um livro onde é possível, também, reler parte importante dos poemas de Mallarmé em português.

Esse minucioso trabalho realizado por Haroldo de Campos corresponde ao que Meschonnic considera uma boa tradução, isto é, aquela que "em relação com a poética do texto inventa sua própria poética e que substitui as soluções da língua pelos problemas do discurso, até inventar um novo problema, como a obra inventa"[11]. E, justamente por inventar novos problemas, uma boa tradução acaba por provocar uma outra ainda; questões em processo; sujeito e história que se reconfiguram.

2.1. Notas ao Prefácio e à sua Tradução

O poema *Um Lance de Dados* foi, desde sua primeira edição, acompanhado de um prefácio paradoxalmente introduzido por Mallarmé com um pedido para que fosse, logo após sua "inútil leitura", esquecido. A presença desse prefácio revela-se um verdadeiro programa da "nova arte" poética que o texto inaugura.

A tradução do prefácio é, pois, uma indicação dos princípios adotados pelo tradutor na relação que estabelece com o texto. Um exemplo é a tradução da expressão *mise en scène* – presente na importante sentença em que se fala das "subdivisões prismáticas da Ideia [... que] dura seu concurso", "dans quelque mise en scène spirituelle exacte" é traduzida por "nalguma cenografia espiritual exata", por Haroldo de Campos; enquanto, na tradução aqui apresentada, optei por "em alguma encenação espiritual exata".

---

11. Henri Meschonnic, *Critique du Rythme*, Paris, Verdier, 1982, p. 130.

A distinção que aparece na primeira metade do prefácio ilustra uma relevante diferença de postura. Segundo o *Dicionário Houaiss da Língua Portuguesa*, "cenografia" é, primeiramente, um termo de arquitetura, que significa "arte e técnica de representar em perspectiva" e, em seguida, um termo do teatro, que quer dizer "arte e técnica de perspectivar as decorações cênicas"; nos dois casos, trata-se da arte de construir cenários, como o termo *scénographie*, em francês. Por outro lado, "encenação", de acordo com o mesmo dicionário, é um termo do teatro que significa o "ato ou efeito de encenar (pôr em cena); espetáculo teatral, montagem, representação". Não é por acaso que, em francês, *metteur en scène* é diretor de teatro.

Dá-se, pois, na primeira tradução, destaque à "arte e à técnica" de se construir cenário. Na segunda, destaca-se o "ato ou feito", gesto que é montagem e espetáculo, talvez sinfonia e ópera. Trata-se, neste caso, de estar em cena e não de constituir cenário. Como assinala Leyla Perrone-Moisés[12]: "O fingimento, a encenação, são os únicos meios de o sujeito se processar na escritura. [...] Teatro e escritura são inseparáveis: 'Através da escritura, o saber reflete incessantemente sobre o saber, segundo um discurso que não é mais epistemológico, mas dramático'".

Na sentença "Tout se passe, par raccourci, en hypothèse; on évite le récit", nota-se outra distinção entre as duas traduções, mas, agora, de natureza sintático-semântica: na difícil expressão *par raccourci*, utilizada por Mallarmé, e que não aparece dicionarizada. No *Littré*, encontra-se *en raccourci*, com o sentido de "em resumo". *Raccourci* pode significar, também, "atalho". No texto, permanece ambígua a expressão, pois tanto a leitura de Haroldo de Campos, de

---

12. Leyla Perrone-Moisés, "Lição de Casa", em Roland Barthes, *op. cit.*

que "Tudo se passa, para resumir, em hipótese", tanto quando esta de que "Tudo se passa, por atalho, em hipótese" são possíveis. A diferença é que, na tradução de Haroldo de Campos, destaca-se a hipótese e, na segunda, tudo o que ocorre passa por atalhos e em hipótese ou, quem sabe, em hipótese por atalhos; o que salienta as encruzilhadas dos percursos de leitura do texto mallarmeano.

As encruzilhadas mallarmeanas são, com efeito, múltiplas e obrigam o tradutor a se posicionar não só diante das grandes questões, mas, também, diante de alguns vocábulos, como *feuillet*, traduzido por Haroldo de Campos por "página", ainda que, algumas linhas abaixo, Mallarmé utiliza o termo *Page*, em maiúscula, distinguindo-a de *feuillet*. Na tradução de Haroldo de Campos, as duas palavras distinguem-se apenas pela maiúscula. Para evitar esta repetição, traduzi *feuillet* por "folha".

Essas distinções, felizmente, não impediram a assimilação de algumas soluções adotadas por Haroldo, como o sentido de *portée*, que remete à "disposição" do texto como se estivesse em uma pauta de música, ou de *retraits*, traduzido por "retrações"; múltiplos diálogos que lançam luz sobre algumas outras cintilações desse texto-constelação.

2.2. A Tradução de *Um Lance de Dados*

Haroldo de Campos[13], vinte anos depois da primeira publicação de sua tradução de *Um Lance de Dados*, resume a cinco os critérios que adotou:

---

13. Haroldo de Campos, "Das 'Estruturas Dissipatórias' à Constelação: A Transcriação do *Lance de Dados* de Mallarmé", em Luiz Angélico da Costa (org.), *Limites da Traduzibilidade*, Salvador, Universidade Federal da Bahia, 1996, pp. 36-39.

1. O nível gráfico.
2. O grafo numerológico.
3. A retomada etimológica.
4. A macrossintaxe.
5. As correspondências semântico-visuais.

O nível gráfico, no caso de um poema como *Um Lance de Dados*, é evidente, uma vez que Mallarmé[14] explicita, já no início do prefácio ao poema, que a disposição das palavras introduz como novidade o "espaçamento da leitura. Os 'brancos', com efeito, assumem importância, chocam de início" e, mais adiante, informa: "A diferença dos caracteres tipográficos entre o motivo preponderante, um secundário e adjacentes, dita sua importância na emissão oral e a disposição na pauta, média, no alto, embaixo da página, notará o subir ou o descer da entonação". Desse modo, tanto a disposição espacial das palavras quanto os tamanhos e formas dos tipos gráficos são centrais no modo de significar do poema e devem, portanto, assumir configuração homóloga[15] numa tradução que se queira poética. Este primeiro critério é, pois, pouco polêmico ainda que exija do tradutor e do editor enorme atenção.

Pode-se também notar que, ao referir-se à diferença dos caracteres como indicação da existência de um motivo preponderante, um secundário e adjacentes, Mallarmé assinala a existência de uma macrossintaxe. Ciente dela, Haroldo de Campos propõe uma excelente solução para a dupla negação do francês

---

14. Stéphane Mallarmé, *Œuvres Completes*, Paris, Pleiade, 1945, p. 455.
15. Segundo o *Dicionário Houaiss*, homólogo é o que mantém com outro elemento similar uma relação de correspondência, que pode ser de localização, de forma, de função.

existente no motivo preponderante: "un coup de dés / jamais / n'abolira / le hasard". Como esse motivo encontra-se disperso ao longo do poema, Haroldo o traduz da seguinte maneira: "um lance de dados / jamais / jamais abolirá / o acaso". A repetição do advérbio de negação evita a introdução de um contrassenso no poema.

Há, contudo, momentos em que a macrossintaxe pode criar pontos de tensão com a microssintaxe. No poema de Mallarmé, o motivo preponderante e o secundário distribuem-se ao longo do texto, ramificando-se e estabelecendo assim outras redes de sentido com os elementos que se encontram na mesma página. Essa dupla função sintática é uma das características centrais de *Um Lance de Dados*; topologia que rompe com a organização linear dos sentidos. Octavio Paz sintetiza essa dinâmica da seguinte maneira: "[…] as frases tendem a configurar-se em centros mais ou menos independentes, à maneira dos sistemas solares dentro de um universo; cada raiz de frases, sem perder sua relação com o todo, cria um domínio próprio nesta ou aquela parte da página"[16]. Um dos maiores desafios da tradução do jogo mallarmeano é justamente não perder de vista essa dupla dinâmica no poema, ou seja, estar atento às configurações próprias de frases e de páginas sem, contudo, perder a relação com o todo.

Um dos momentos mais críticos da tensão entre macro e microssintaxe é a tradução do motivo secundário: "*SI / C'ÉTAIT / LE NOMBRE / SE SERAIT*" e que foi traduzido por Haroldo de Campos da seguinte maneira: "*SE / FOSSE / O NÚMERO / SERIA*". Numa

---

16. Octavio Paz, "O Arco e a Lira", *Obras Completas 1*, Barcelona, Galáxia Gutenberg/Círculo de Lectores, 1999, p. 328.

análise macrossintática, a tradução de Haroldo de Campos é inquestionável, natural, entretanto, microssintaticamente, o verbo *c'était* inicia uma página e está distante da conjunção de condição "*si*". Nesse sistema solar próprio, lê-se: "C'ÉTAIT / LE NOMBRE / *issu stellaire*…"; que pode ser traduzido por: "ERA / O NÚMERO / saída estelar…". A dificuldade é que a conjunção "*si*", em francês, é seguida pelo imperfeito do indicativo e, em português, seguida do imperfeito do subjuntivo. A mudança de modo verbal produz, no sistema microssintático, um deslocamento aspectual relevante, pois o aspecto *indicativo* esvazia-se, intraduzível…

A tensão entre a autonomia dos sistemas das frases e a unidade do poema pode orientar a discussão sobre um terceiro critério, talvez o mais polêmico dos cinco adotados por Haroldo de Campos, e que ele chama de "correspondências semântico-visuais". Inspirado nos estudos formalistas, Haroldo de Campos concentra-se de modo obsessivo na busca por essas correspondências e faz delas o tema central de suas notas sobre a tradução. Uma descrição detalhada de todas as correspondências assinaladas por Haroldo de Campos seria por demais extensa, basta, como ilustração, a tradução de *furieux* por "iroso", que Haroldo de Campos justifica assim:

> IROSO, mais curto que "furioso", tem, figuradamente, o sentido de "tempestuoso", servindo admiravelmente ao contexto, onde *furieux* (elemento cinético, de tensão) contrasta com *étale* (apogeu estático). Gardner Davies: "Étale à présent, après l'orage, la mer est encore fouettée par le vent, blanche écume" (nível primeiro, literal, que não esgota, evidentemente, o leque plúrrimo do texto). Anagramatização: IROSO / ABISMO / SOB[17].

---

17. Haroldo de Campos, *Mallarmé*, São Paulo, Perspectiva, 1991, p. 122.

A utilização de termos como "leque plúrrimo" e "anagramatização" são bons exemplos tanto da atitude quanto do tom vanguardista e erudito que Haroldo de Campos adota, e que permeia não só sua análise, mas também suas escolhas tradutórias, por vezes controversas.

O critério das "correspondências semântico-visuais" e a consequente busca por uma "equivalência rítmico-semântica" podem fazer com que uma supervalorização das aliterações e paronomásias – não que sejam irrelevantes – leve à destruição de sequências semânticas significativas. Não se trata de procurar uma mera tradução semântica; mas, por exemplo, a disposição de determinados sinônimos ao longo de um texto pode ser importante na sua rede de significações. No caso de *Um Lance de Dados*, a sinonímia é recurso relevante, muitas vezes desconsiderado por Haroldo de Campos.

Um exemplo importante é a variação que há entre *abîme* e *gouffre*. Trata-se de palavras que, levando-se em conta a possível motivação sonora do signo linguístico, provocam foneticamente efeitos distintos: o primeiro, iniciado pela vogal aberta "a", é menos sombrio que o segundo; esta nuança de luz corresponde aos lugares que os termos ocupam em *Um Lance de Dados*.

Abîme aparece uma vez, nas páginas iniciais, à esquerda, no alto, em letras maiúsculas. Este espaço superior, na folha esquerda é, ao longo do poema, ocupado por termos como: *Le maître; plume solitaire; issu stelaire; altitude* (o mestre, pluma solitária, saída estelar, altitude; respectivamente), todos termos mais ligados aos céus do que às profundezas. No caso de *Abîme*, ele é logo seguido do adjetivo *blanchi* (branco). Conforme Gardner Davies, "Mallarmé escolhe a palavra *Abismo (Abîme)* para designar o conjunto do céu e da terra"[18] e remete à seguinte passagem de *Igitur*:

...de l'Infini se séparent les constellations et la mer, demeurées, en l'exteriorité, de réciproques néants.

...do Infinito separam-se as constelações e o mar, que permanecem, na exterioridade, recíprocos nadas.

No poema "A la Nue Accablante Tu", a nuvem baixa e carregada confunde-se com a espuma do mar e desse encontro surge:

...Tout l'abîme vain éployé

...Todo o abismo vão aberto[19].

Por outro lado, o termo *gouffre* aparece duas vezes, em caracteres minúsculos, em páginas centrais e, em ambas as vezes, na parte inferior, à direita. Esses finais de página são, exceto na última, ocupados por termos como: *fond naufrage, profundeur; tempête; brumes; parages du vague.*

Note-se que *gouffre*, termo recorrente na obra de Mallarmé, tanto em seus poemas como em sua prosa é, com frequência, associado a uma atmosfera sombria. *Gouffre* aparece, na obra do poeta, já em seus primeiros poemas, como no ainda baudelairiano[20] "L'Enfant Prodige", em que ele descreve uma relação sexual com uma prostituta e que termina com a seguinte quadra:

---

18. Gardner Davies, *Vers une Explication Rationnelle du Coup de Dés*, Paris, Corti, 1992, pp. 66-67.
19. Cf. tradução de Augusto de Campos em *Mallarmé*, São Paulo, Perspectiva, 1991, p. 76.
20. O termo *Gouffre* é bastante utilizado por Baudelaire.

Là, ma sainte, enivré de parfuns extatiques,
Dans l'oubli du noir Gouffre et de l'Infini cher,
Après avoir chanté tout bas de longs cantiques
J'endormirai mon mal sur votre fraiche chair[21].

Ali, minha santa, embevecido de perfumes extáticos
No esquecimento da negra Voragem e do caro Infinito,
Depois de ter cantado baixinho extensos cânticos
Adormecerei meu mal sobre sua carne fresca.

O aspecto sombrio de *gouffre* aparece, também, em *Um Lance de Dados*, não só pelo fato de ocupar posição análoga na página a termos como *fond naufrage, profondeur, tempête, brumes; parages du vague*, mas pelo contexto em que se insere. Em sua primeira aparição, lê-se, na parte inferior: "*...quelque proche tourbillon d'hilarité et d'horreur / voltige autour du gouffre*"[22]; ou seja, em torno à voragem, volteia um turbilhão de hilaridade e de horror. Quanto à segunda ocorrência, ela surge na sentença: "*Choit / la plume / rythmique suspens du sinistre / s'ensevelir / aux écumes originelles / naguères d'où sursauta son délire jusqu'à une cime / flétrie / par la neutralité identique du gouffre*"[23]. Essa passagem permite uma aproximação com o *Abîme* – mar e céu – do início, entretanto, a neutralidade idêntica da voragem faz com que o cimo feneça, pois a voragem é espuma original onde a pluma sepulta-se; uma imagem regida pela morte.

21. Stéphane Mallarmé, *Œuvres Completes*, Paris, Pleiade, 1945, p. 15.
22. "... algum próximo turbilhão de hilaridade e de horror / volteia em torno à voragem."
23. "Cai / a pluma / rítmico suspense do sinistro / sepultar-se / nas espumas originais / de onde há pouco sobressaltara seu delírio até um cimo / fenecido / pela neutralidade idêntica da voragem."

Indiferente tanto à disposição espacial de *abîme* e de *gouffre*, quanto ao lugar distinto que ocupam no conjunto da obra de Mallarmé, Haroldo de Campos traduz as três passagens acima, respectivamente, da seguinte maneira: "o Abismo / branco / estanco / iroso"; "nalgum próximo turbilhão de hilaridade e horror / esvoaça em torno ao vórtice"; "Cai / a pluma / rítmico suspense do sinistro / sepultar-se / nas espumas primordiais / de onde há pouco sobressaltara seu delírio a um cimo / fenescido [*sic*]/ pela neutralidade idêntica do abismo". *Gouffre* é, pois, traduzido uma vez por "vórtice" e outra por "abismo". Desse modo, apaga-se, na tradução haroldiana, a sugestiva distinção existente entre *abîme* e *gouffre*.

Sem refletir sobre a relação, também sonora, existente entre *gouffre* e termos como *fond, profondeur* e *brumes*, todos localizados na parte inferior de outras páginas, Haroldo de Campos, no que concerne à primeira aparição de *gouffre*, justifica sua escolha afirmando: "*Vórtice* traduz *gouffre* com a vantagem de aliterar com ESVOAÇA e ligar-se, ainda, a INDÍCIO VIRGEM. O esvoaçar fica, assim, desenhado na página"[24]. Quanto à segunda utilização, Haroldo comenta: "*Gouffre* é o mesmo *Abismo branco* da página 3. 'Vórtice' ou outra palavra sinônima não me dariam as rimas toantes com CIMO e fenescido, que ABISMO favorece"[25].

As escolhas de Haroldo de Campos restringem-se, pois, ao sistema aliterativo de termos circundantes – e que nem sempre se encontram no poema de Mallarmé , além de não considerar, por vezes, as redes semânticas que permeiam o universo do poema. Ele produz, dessa maneira, lindas melodias soltas que não

---

24. *Mallarmé*, São Paulo, Perspectiva, 1991, p. 133.
25. *Idem*, p. 139.

acompanham necessariamente os movimentos da sinfonia que estão no texto de partida. Com efeito, é surpreendente que um tradutor como Haroldo de Campos afirme categoricamente que "*Gouffre* é o mesmo *Abismo branco*" sem nem mesmo perguntar-se por que Mallarmé utilizou, nesse momento, o termo *gouffre* ao invés de *Abîme* e, por um ensejo aliterativo, deforme a rede lexical do poema, empobrecendo-a.

Há outro empobrecimento lexical considerável no texto que se liga ao quarto critério de tradução adotado por Haroldo de Campos, o "grafo numerológico". Uma leitura atenta de *Um Lance de Dados* é suficiente para que se compreenda que se trata de uma equação verbal – ao longo do poema, além dos próprios dados, que são um jogo de números, aparecem termos como *anciens calculs, unique Nombre,* LE NOMBRE, *se chiffrâ-t-i...* (antigos cálculos, único Número, o NÚMERO, cifrar-se-ia, respectivamente). Gardner Davies indica que o cômputo da equação é 7, o número da Ursa Maior, o Setentrião, constelação que é o próprio poema e que assume diversas configurações no texto[26]. Haroldo de Campos, atento aos cálculos, entre outras insinuações ao número sete, assinala que, na página final do texto:

"As 7 estrelas [...] reproduzem na página o gráfico sideral" e enumera os gerúndios (três estrelas da cauda), que se ligam a três estrelas-frases do corpo, por meio de uma estrela-frase intermediária (3+3+1), e acrescenta: "nas duas últimas linhas estelares do Poema, é ainda possível reconhecer a cifra da constelação: cada uma delas tem sete palavras"[27].

---

26. Gardner Davies, *Vers Une Explication Rationnelle du Coup de Dés*, Paris, Corti, 1992, pp. 154-155.
27. *Mallarmé*, São Paulo, Perspectiva, 1991, pp. 142-143.

Em passagem anterior, Haroldo de Campos[28] ainda cita a proposta de Décio Pignatari para decifrar o enigma da frase "SI C'ÉTAIT LE NOMBRE / CE SERAIT LE HASARD" (SE FOSSE O NÚMERO / SERIA O ACASO) que, foneticamente, pode também ser lida como "*Si sept est le Nombre / Cesserait le Hasard*" (Se sete é o Número / Cessaria o Acaso). A sugestiva leitura de Décio Pignatari, tão louvada por Haroldo de Campos, não permitiu que este identificasse outra homofonia, muito mais evidente, e que introduz o Verbo – a palavra – na somatória da equação, a saber: "*un compte total en formation*".

Sobre a tradução desta última somatória Haroldo de Campos observa:

> Usei *cálculo* em vez de "cômputo", por um óbvio argumento de eufonia; "conta" seria pobre semanticamente, contaminada como está a palavra por sua acepção mais cotidiana. *Calculus* em lat. Significa ainda "pedra de jogo", carreando esta conotação etimológica para o espaço de tautologia especular no qual o poema se inscreve ("azar", como já ficou dito, e assim o francês *hasard*, vem da palavra árabe que significa "jogo de dados")[29].

O que Haroldo de Campos não destacou é que *compte* (cômputo, cálculo), em francês, pronuncia-se como *conte* (conto). Ora, o texto mallarmeano que está na origem de *Um Lance de Dados* é *Igitur*, um conto inacabado de Mallarmé. Note-se, também, que, no "Prefácio", Mallarmé assinala:

> A ficção aflorará e se dissipará, rápido, conforme a mobilidade do escrito, em torno das interrupções fragmentárias de uma frase capital desde o título

---

28. *Idem*, p. 137.
29. *Idem*, p. 142.

introduzida e continuada. Tudo se passa, por atalhos, em hipótese; evita-se o relato.

Mallarmé deseja, pois, a ficção, ainda que evite o relato e que tudo não passe de hipótese. Assim, o seu "cálculo total" vai além do grafo numerológico, pois o que está em jogo é a "palavra total"; como se pode notar no parágrafo que conclui o famoso artigo "Crise de vers". "O verso que de vários vocábulos refaz uma palavra total, nova, estrangeira à língua e como encantador, acaba com este isolamento da fala: negando, com um traço soberano, o acaso..."[30]

Diante desse fato, contentar-se em reduzir o campo semântico ao repetir o termo "cálculo", já utilizado na página 4 – no verso *hors d'anciens calculs*, traduzido por "fora de antigos cálculos" – com a afirmação de que se trata de um "óbvio argumento de eufonia" – ainda acrescido de justificativas etimológicas, parece-me contestável; sobretudo, pelo fato de "cômputo" aproximar-se de "conto": palavra total, pensamento que se lança e que nega o acaso. Com o intuito de produzir alguma homofonia – tentativa de aproximação daquela existente entre *compte* e *conte* – optei por traduzir *un compte total en formation* por "um contar total em formação", ainda que a ideia de somatória, em parte, dilua-se.

Há, ainda, o quinto e último critério haroldiano, a "retomada etimológica". Em geral, na tradução de *Um Lance de Dados*, este produziu um conjunto considerável de deformações que, por si só, valeriam um estudo detalhado. Analisarei aqui apenas dois exemplos que produziram, respectivamente, uma ambiguidade e um contrassenso, ausentes no poema de Mallarmé e que,

---

30. Stéphane Mallarmé, *Œuvres Completes*, Paris, Pleiade, 1945, p. 368.

inevitavelmente, acrescentam, ao já exigente texto mallarmeano, mais alguns problemas de leitura.

Numa das páginas finais, lê-se, no início, os versos "*c'était / le nombre / issu stellaire*", que Haroldo de Campos traduziu como: "fosse / o número / êxito estelar". Sua justificativa para a tradução de "*issu*" por "êxito" é também de cunho "etimológico". Primeiramente, Haroldo de Campos comenta que Gardner Davies interpreta *issu stellaire* como "obra iluminada, derivada do Fogo total" e, em seguida observa:

> *Issu* significa: "procedente", "descendente", "oriundo"; e ainda: "saída", "desembocadura", "êxito", "resultado", "fim". Escolhi *êxito* tanto pela configuração sonora, como pela proximidade etimológica, do lat. *Exitus* (saída), mantido no inglês atual *exit* (*issue* vem do ant. francês *issir*, sair). *Êxito* funciona ainda como réplica-negação de *hesito* (as hesitações constantes do Hamlet poeta)[31].

Haroldo enumera três razões para sua escolha: configuração sonora, proximidade etimológica e "réplica-negação de *hesito*". Em primeiro lugar, a configuração sonora em si é um argumento puramente subjetivo, uma vez que, no termo "saída", a fricativa inicial [s] é surda como em *issu*, enquanto em "êxito" é sonora [z]. Em segundo, a ideia de "réplica-negação" é criação do tradutor, pois é difícil aproximar, em francês, *issue* de *hésiter*. Em terceiro, e aí reside a questão etimológica, se *issu* vem do antigo francês *issir*, bastante próximo de "sair" e do substantivo "saída", o termo "êxito" é etimologicamente próximo de quê? Do latim? Do inglês? De todos os significados

---

31. *Mallarmé*, São Paulo, Perspectiva, 1991, p. 137.

que Haroldo de Campos dá para *issu*, o único que tem conotação de conquista é "êxito"; o que acrescenta uma dimensão de vitória, que não condiz com o "Hamlet poeta" que habita o poema, para quem a constelação é saída, mas não necessariamente vitória. Aliás, como assinala João Alexandre Barbosa: "[...] na verdade, desde os seus inícios, o texto de Mallarmé propõe a imagem do fracasso, do desastre que, como já observou Maurice Blanchot, estava contido no *Igitur*"[32].

No segundo exemplo de "retomada etimológica", Haroldo de Campos introduz, em português, um contrassenso, ao traduzir *"le viellard vers cette conjonction suprême avec la probabilité"* por "o velho *versus* esta conjunção suprema com a probabilidade". Um leitor de língua portuguesa, ao deparar com esta frase, será levado a pensar que o velho está contra a conjunção suprema, pois o termo latino *versus* entrou em nosso vernáculo como marca de oposição. Haroldo de Campos, entretanto, atento ao fato de que *vers* significa, em francês, tanto a preposição "para" – sentido primeiro que assume no texto – quanto o substantivo "verso" – sem considerarmos os homófonos *ver* (verme), *vert* (verde), menos importantes no poema. Com o intuito de resolver o dilema e chegar a um termo carregado de significados análogos, Haroldo de Campos comenta:

> Traduzi *vers* por *versus* no sentido latino "em direção a", o que me permitiu preservar a ambiguidade com "verso" (do lat. *Versus*, sulco, renque de árvores, linha escrita, verso) ...pelo menos, como indicador de rotas, deixei aquele *versus* ambíguo marcando a semáforo a "conjunção suprema"[33].

---

32. João Alexandre Barbosa, "Suicídio da Literatura? Mallarmé Segundo Valéry", em *A Metáfora Crítica*, São Paulo, Perspectiva, 1974, p. 54.

33. *Mallarmé*, São Paulo, Perspectiva, 1991, p. 130.

O problema é que a tradução acima acrescenta um contrassenso, pois modifica o sentido ao introduzir no texto em português um termo latino com um significado que não possui em português.

É importante salientar que a questão suscitada pela tradução de *vers* e a preocupação de Haroldo de Campos em encontrar um termo polissêmico ilustram aquela que é, provavelmente, a maior dificuldade enfrentada por um tradutor de poemas: o signo duplo. Num texto linear, na maioria dos casos, pode-se, no momento de se traduzir a preposição *vers*, optar, sem grandes danos, pelas preposições "rumo" ou "para"; entretanto, em *Um Lance de Dados*, poema que introduz uma importante ruptura com o próprio conceito de verso, por mais que o uso de *vers* seja sintaticamente com função prepositiva, o apagamento dessa ambiguidade representa um problema considerável.

Diante do impasse, procurei uma solução que não exigisse do leitor um conhecimento do latim, mas que, de alguma maneira, produzisse ambiguidade análoga; o que me levou à tradução: "o velho versar para esta conjunção suprema com a probabilidade". O verbo "versar" representa um acréscimo sintático deformante, entretanto, significa tanto "passar de um local para outro" quanto "versejar". Acrescento mais essa tentativa à história da tradução de *vers*; esse signo polissêmico que habita o universo literário.

Há, ainda, um último aspecto que provoca aquele que é, creio, a mais constante deformação que a tradução haroldiana produz: o enobrecimento. Numa das páginas centrais do poema, lê-se, nos últimos versos, "*faux manoir / tout de suite / évaporé en brumes / qui imposa / une borne à l'infini*"[34], traduzido por Haroldo de

---

34. "falso solar / súbito / evaporado em brumas / que impôs / uma borda ao infinito."

Campos por "solar falso / de súbito / evaporado em brumas / que chantava / um marco no infinito". A questão central aqui é a escolha do verbo "chantar" para traduzir *imposer* (impor), termo corrente em francês. Haroldo de Campos comenta:

> *Chantar*, "plantar uma estaca", é usada em contexto de tomada de posse e demarcação, ilustrando bem a ideia de conquista efêmera, de *hubris* evanescente, que há nesta passagem do Poema. Fonicamente, prolonga ROCHA... que CHAntava. A associação com "cantar" (o "canto das sereias" conduzindo à perdição) introduz uma conotação desejável. Usei o tempo verbal no imperfeito por motivo de eufonia, sem dano semântico[35].

Sem nos atermos à questionável afirmação de que a passagem de um tempo perfeito para um imperfeito não causa dano semântico, o verbo "chantar" é tão raro e específico que necessita de uma longa explicação na nota, e, na leitura, torna ainda mais opaco o já exigente texto mallarmeano. Além disso, trata-se de uma opacidade deformante, pois não se encontra no poema. Esse enobrecimento característico da tradução haroldiana é uma das importantes diferenças entre essa e a tradução que proponho. Note-se, por exemplo, no prefácio, os termos *alentour, rentre, places, semble, ralentir, vite, affleurera, ajouter*, que traduzi, respectivamente, por "ao redor", "se recolhe", "lugares", "parece", "retardar", "rápido", "aflorará", "soma-se"; ao invés de "em rededor", "recede", "sítios", "afigura-se", "delongar", "célere", "assomará", "ajunte-se", termos preferidos por Haroldo de Campos.

---

35. *Mallarmé*, São Paulo, Perspectiva, 1991, p. 137.

Pode-se, desse modo, notar que a tradução haroldiana produz um texto ainda mais erudito e rebuscado do que o próprio texto mallarmeano.

Enfim, compreender as escolhas tradutórias de Haroldo de Campos e situar-se em relação a elas exige uma consciência da historicidade do traduzir. Para Haroldo de Campos, a tradução do poema deve ser criativa, potencializar as rupturas, sobretudo formais, que o texto a ser traduzido traz. Esse processo é coerente com a estética das vanguardas, das quais Haroldo de Campos, como um dos expoentes do concretismo, fez parte. Como assinala Octavio Paz:

> Os poetas da idade moderna procuraram o princípio da mudança: os poetas da idade que começa procuramos esse princípio invariante que é o fundamento das mudanças [...]. A estética da mudança acentuou o caráter histórico do poema. Agora nos perguntamos, não há um ponto em que o princípio da mudança se confunde com o princípio da permanência?[36]

Acredito que hoje os tradutores de poesia podem fazer-se a mesma pergunta feita por Octavio Paz. Não se trata mais de fazer da tradução uma arma na batalha contra um pretenso conservadorismo ou parnasianismo reinante, mas, sobretudo, fazer da tradução um instrumento de reflexão sobre o que está em jogo no ato de traduzir e no texto traduzido: um discurso produzido numa determinada língua-cultura, que possui um ritmo singular pela relação que, nesse texto, se dá entre o que é dito e o modo de dizê-lo.

---

36. Octavio Paz, "O Ocaso das Vanguardas", *Obras Completas I*, Barcelona, Galáxia Gutenberg/Círculo de Lectores, 1999, p. 580.

Dessa maneira, penso, é possível contribuir para que a reflexão prossiga rumo a esse ponto em que o princípio da mudança se confunde com o princípio da permanência, ponto em que o discurso assume sua historicidade. Historicidade do traduzir, historicidade das leituras, gestos esses que ampliam o contínuo e necessário processo de refração.

POÈME

UN COUP DE DÉS JAMAIS N'ABOLIRA LE HASARD

par

STÉPHANE MALLARMÉ

PRÉFACE

J'aimerais qu'on ne lût pas cette Note ou que parcourue, même on l'oubliât ; elle apprend, au Lecteur habile, peu de chose situé outre sa pénétration : mais, peut troubler l'ingénu devant appliquer un regard aux premiers mots du Poème pour que de suivants, disposés comme ils sont, l'amènent aux derniers, le tout sans nouveauté qu'un espacement de la lecture. Les " blancs ", en effet, assument l'importance, frappent d'abord ; la versification en exigea, comme silence alentour, ordinairement, au point qu'un morceau, lyrique ou de peu de pieds, occupe, au milieu, le tiers environ du feuillet : je ne transgresse cette mesure, seulement la disperse. Le papier intervient chaque fois qu'une image, d'elle-même, cesse ou rentre, acceptant la succession d'autres et, comme il ne s'agit pas, ainsi que toujours, de traits sonores réguliers ou vers — plutôt, de subdivisions prismatiques de l'Idée, l'instant de paraître et que dure leur concours, dans quelque mise en scène spirituelle exacte, c'est à des places variables, près ou loin du fil conducteur latent, en raison de la vraisemblance, que s'impose le texte. L'avantage, si j'ai droit à le dire, littéraire, de cette distance copiée qui mentalement sépare des groupes de mots ou les mots entre eux, semble d'accélérer tantôt et de ralentir le mouvement, le scandant, l'intimant même selon une vision simultanée de la Page : celle-ci prise pour unité comme l'est autre part le Vers ou ligne parfaite. La fiction affleurera et se dissipera, vite, d'après la mobilité de l'écrit, autour des arrêts fragmentaires d'une phrase capitale dès le titre introduite et continuée. Tout se passe, par raccourci, en hypothèse ; on évite le récit. Ajouter que de cet emploi à nu de la pensée avec retraits, prolongements, fuites, ou son dessin même, résulte, pour qui veut lire à haute voix, une partition. La différence des caractères d'imprimerie entre le motif prépondérant, un secondaire et d'adjacents, dicte son importance à l'émission orale et la portée, moyenne, en haut, en bas de page, notera que monte ou descend l'intonation. Seules certaines directions très hardies, des empiètements, etc., formant le contre-point de cette prosodie, demeurent dans une œuvre, qui manque de précédents, à l'état élémentaire : non que j'estime l'opportunité d'essais timides; mais il ne m'appartient pas, hormis une pagination spéciale ou de volume à moi, dans un Périodique, même valeureux, gracieux et invitant qu'il se montre aux belles libertés, d'agir par trop contrairement à l'usage. J'aurai, toutefois, indiqué du Poème ci-joint, mieux que l'esquisse, un " état " qui ne rompe pas de tous points avec la tradition ; poussé sa présentation en maint sens aussi avant qu'elle n'offusque personne : suffisamment, pour ouvrir des yeux. Aujourd'hui ou sans présumer de l'avenir qui sortira d'ici, rien ou presque un art, reconnaissons aisément que la tentative participe, avec imprévu, de poursuites particulières et chères à notre temps, le vers libre et le poème en prose. Leur réunion s'accomplit sous une influence, je sais, étrangère, celle de la Musique entendue au concert; on en retrouve plusieurs moyens m'ayant semblé appartenir aux Lettres, je les reprends. Le genre, que c'en devienne un comme la symphonie, peu à peu, à côté du chant personnel, laisse intact l'antique vers, auquel je garde un culte et attribue l'empire de la passion et des rêveries; tandis que ce serait le cas de traiter, de préférence (ainsi qu'il suit) tels sujets d'imagination pure et complexe ou intellect : que ne reste aucune raison d'exclure de la Poésie — unique source.

UN COUP DE DÉS

JAMAIS

QUAND BIEN MÊME LANCÉ DANS DES CIRCONSTANCES ÉTERNELLES

DU FOND D'UN NAUFRAGE

SOIT
    que

            l'Abîme

blanchi
    étale
        furieux
                sous une inclinaison
                      plane désespérément

                            d'aile

                        la sienne

par avance retombée d'un mal à dresser le vol
      et couvrant les jaillissements
         coupant au ras les bonds

    très à l'intérieur résume

 l'ombre enfouie dans la profondeur par cette voile alternative

      jusqu'adapter
        à l'envergure

    sa béante profondeur en tant que la coque

      d'un bâtiment

     penché de l'un ou l'autre bord

LE MAÎTRE

surgi
      inférant

                  de cette conflagration

                            que se

                    comme on menace

          l'unique Nombre qui ne peut pas

                              hésite
                     cadavre par le bras

plutôt
    que de jouer
        en maniaque chenu
          la partie
           au nom des flots
                              un

                    naufrage cela

        hors d'anciens calculs
           où la manœuvre avec l'âge oubliée

                jadis il empoignait la barre

à ses pieds
         de l'horizon unanime

prépare
   s'agite et mêle
      au poing qui l'étreindrait
un destin et les vents

être un autre

            Esprit
                pour le jeter
                        dans la tempête
                    en reployer la division et passer fier

écarté du secret qu'il détient

envahit le chef
coule en barbe soumise

direct de l'homme

        sans nef
           n'importe
                où vaine

ancestralement à n'ouvrir pas la main
                    crispée
                par delà l'inutile tête

        legs en la disparition

                    à quelqu'un
                            ambigu

            l'ultérieur démon immémorial

ayant
        de contrées nulles
                    induit
le vieillard vers cette conjonction suprême avec la probabilité

                        celui
                            son ombre puérile
caressée et polie et rendue et lavée
                assouplie par la vague et soustraite
            aux durs os perdus entre les ais

                        né
                            d'un ébat
la mer par l'aïeul tentant ou l'aïeul contre la mer
                une chance oiseuse

                                            Fiançailles
    dont
        le voile d'illusion rejailli leur hantise
            ainsi que le fantôme d'un geste

                    chancellera
                    s'affalera

                        folie

N'ABOLIRA

COMME SI

Une insinuation

au silence

dans quelque proche

voltige

simple

enroulée avec ironie
     ou
      le mystère
         précipité
           hurlé

tourbillon d'hilarité et d'horreur

autour du gouffre
      sans le joncher
         ni fuir

  et en berce le vierge indice

              COMME SI

plume solitaire éperdue

sauf

que la rencontre ou l'effleure une toque de minuit
et immobilise
au velours chiffonné par un esclaffement sombre

cette blancheur rigide

dérisoire
                        en opposition au ciel
          trop
               pour ne pas marquer
                           exigûment
                                     quiconque

prince amer de l'écueil

s'en coiffe comme de l'héroïque
irrésistible mais contenu
par sa petite raison virile
                                       en foudre

soucieux
        expiatoire et pubère
                            muet

La lucide et seigneuriale aigrette
            au front invisible
scintille
      puis ombrage
une stature mignonne ténébreuse
    en sa torsion de sirène

par d'impatientes squames ultimes

rire

        que

SI

de vertige

debout

   le temps
      de souffleter
bifurquées

     un roc

  faux manoir
      tout de suite
          évaporé en brumes

        qui imposa
           une borne à l'infini

                                                                                                C'ÉTAIT
                                                                                                issu stellaire

CE SERAIT
    pire
        non
            davantage ni moins
                  indifféremment mais autant

LE NOMBRE

EXISTÂT-IL
autrement qu'hallucination éparse d'agonie

COMMENÇÂT-IL ET CESSÂT-IL
sourdant que nié et clos quand apparu
enfin
par quelque profusion répandue en rareté
SE CHIFFRÂT-IL

évidence de la somme pour peu qu'une
ILLUMINÂT-IL

LE HASARD

Choit
  la plume
    rythmique suspens du sinistre
      s'ensevelir
        aux écumes originelles
naguères d'où sursauta son délire jusqu'à une cime
        flétrie
    par la neutralité identique du gouffre

RIEN

de la mémorable crise
ou se fût
l'évènement

accompli en vue de tout résultat nul
                                        humain

                     N'AURA EU LIEU
                  une élévation ordinaire verse l'absence

                                        QUE LE LIEU
inférieur clapotis quelconque comme pour disperser l'acte vide
                    abruptement qui sinon
              par son mensonge
                  eût fondé
               la perdition

dans ces parages
                du vague
                          en quoi toute réalité se dissout

EXCEPTÉ
 à l'altitude
  PEUT-ÊTRE
   aussi loin qu'un endroit

fusionne avec au delà

                        hors l'intérêt
                quant à lui signalé
                                        en général
selon telle obliquité par telle déclivité
                                          de feux

     vers
          ce doit être
               le Septentrion aussi Nord

                          UNE CONSTELLATION

              froide d'oubli et de désuétude
                        pas tant
                    qu'elle n'énumère
          sur quelque surface vacante et supérieure
                le heurt successif
                            sidéralement
         d'un compte total en formation

veillant
     doutant
          roulant
               brillant et méditant

                         avant de s'arrêter
              à quelque point dernier qui le sacre

            Toute Pensée émet un Coup de Dés

POEMA

UM LANCE DE DADOS JAMAIS ABOLIRÁ O ACASO

por

STÉPHANE MALLARMÉ

PREFÁCIO

Gostaria de que esta Nota não fosse lida ou caso fosse percorrida que logo a esquecessem; pois ensina, ao Leitor hábil, pouca coisa para além de sua penetração: mas, pode perturbar o ingênuo que tem de dar uma olhada nas primeiras palavras do Poema, a fim de que as seguintes, dispostas como estão, o conduzam às últimas, o todo sem novidade além do espaçamento da leitura. Os "brancos", com efeito, assumem importância, chocam de início; a versificação os exigiu, como silêncio ao redor, ordinariamente, até o ponto em que um fragmento, lírico ou de poucos pés, ocupe, no meio, por volta de um terço da folha: não transgrido essa medida, apenas a disperso. O papel intervém cada vez que uma imagem, por si mesma, cessa ou se recolhe, aceitando a sucessão de outras e, como não se trata, assim como sempre, de traços sonoros regulares ou versos – antes, de subdivisões prismáticas da Ideia, o instante de aparecerem e que dura seu concurso, em alguma encenação espiritual exata, é em lugares variáveis, perto ou longe do fio condutor latente, em razão da verossimilhança, que se impõe o texto. A vantagem, se tenho o direito de dizer, literária, dessa distância copiada que mentalmente separa grupos de palavras ou as palavras entre si, parece acelerar por vezes retardar o movimento, escandindo-o, intimando-o mesmo segundo uma visão simultânea da Página: esta tomada por unidade assim como em outra parte o Verso ou linha perfeita. A ficção aflorará e se dissipará, rápido, contorme a mobilidade do escrito, em torno das interrupções fragmentárias de uma frase capital desde o título introduzida e continuada. Tudo se passa, por atalhos, em hipótese; evita-se o relato. Soma-se que este emprego a nu do pensamento com retrações, prolongamento, fugas, ou seu desenho mesmo, resulta, para quem queira ler em voz alta, uma partitura. A diferença dos caracteres tipográficos entre o motivo preponderante, um secundário e adjacentes, dita sua importância na emissão oral e a disposição na pauta, média, no alto, embaixo da página, notará o subir ou o descer da entonação.

Apenas certas direções muito ousadas, usurpações etc., que formam o contraponto desta prosódia, permanecem em uma obra, a qual faltam precedentes, em estado elementar: não que eu tenha estima pela oportunidade de ensaios tímidos; mas não cabe a mim, além de uma paginação especial ou de volume que é meu, em um Periódico, por mais valoroso, gracioso e convidativo que se mostre às belas liberdades, agir por demais contrariamente aos usos. Terei, contudo, indicado do Poema anexo, mais do que o esboço, um "estado" que não rompe em todos os pontos com a tradição; impulsionado sua apresentação em muitos sentidos tão adiante que não ofusque ninguém: o suficiente, para abrir olhos. Hoje ou sem presumir o futuro que sairá daqui, nada ou quase uma arte, reconheçamos facilmente que a tentativa faz parte, com imprevistos, de investigações particulares e caras a nosso tempo, o verso livre e o poema em prosa. Sua reunião se cumpre sob uma influência, eu sei, estrangeira, a da Música ouvida em concerto; na qual encontram-se vários meios que me parecem pertencer às Letras, eu os retomo. O gênero, que se torne um como a sinfonia, pouco a pouco, ao lado do canto pessoal, deixa intacto o antigo verso, ao qual mantenho um culto e atribuo o império da paixão e dos devaneios; enquanto seria o caso de tratar, de preferência (assim como segue), tais assuntos de imaginação pura e complexa ou intelecto: que não existe nenhuma razão para exclui-los da Poesia – única fonte.

UM LANCE DE DADOS

JAMAIS

AINDA QUE LANÇADO EM CIRCUNSTÂNCIAS ETERNAS

DO FUNDO DE UM NAUFRÁGIO

SEJA
>   que

>   o Abismo

> branco
>   estanque
>   furioso
>   sob uma inclinação
>   plane desesperadamente

>   de asa

>   a sua

já antes caída de um mal de alçar voo
                        e cobrindo os jorros
                                      cortando rente os saltos

        no mais interior resuma

a sombra afundada na profundeza por esta vela alternativa

                          até adaptar
                                  à envergadura

        sua escancarada profundeza enquanto casco

                de um barco

        pendido de um ou de outro lado

O MESTRE

surgido
    inferindo

        dessa conflagração

          que se

      como se ameaça

    o único Número que não pode

                hesita
            cadáver pelo braço
melhor
    do que jogar
        maníaco envelhecido
          a partida
        em nome das ondas
                uma

          naufrágio isto

    fora de antigos cálculos
     onde a manobra com a idade esquecida

       outrora ele empunhava o leme

a seus pés
    do horizonte unânime

prepara
  se agita e mescla
    no punho que o apertava
um destino e os ventos

ser um outro

      Espírito
        para atirá-lo
          na tempestade
         repregar-lhe a divisão e passar altivo

separado do segredo que encerra

invade a cabeça
escorre em barba submissa

direto do homem

    sem nau
      não importa
        onde vá

ancestralmente a não abrir a mão
        crispada
       para além da inútil cabeça

   legado na desaparição

        para alguém
            ambíguo

       o ulterior demônio imemorial

tendo
    de paragens nulas
         induzido
o velho a versar para esta conjunção suprema com a probabilidade

          aquele
             sua sombra pueril
acariciada e polida e aparada e lavada
       amaciada pela vaga e subtraída
         dos ossos duros perdidos entre as pranchas

         nascido
             de um folguedo
o mar pelo ancião tentando ou o ancião contra o mar
     uma sorte ociosa

                Núpcias
cujo
   véu de ilusão reflete sua obsessão
   como o fantasma de um gesto

         vacilará
         abordará

             loucura

JAMAIS ABOLIRÁ

COMO SE

Uma insinuação

ao silêncio

em algum próximo

volteia

simples

enrolada com ironia
      ou
       o mistério
          precipitado
             urrado

turbilhão de hilaridade e de horror

em torno à voragem
       sem o juncar
          nem fugir

     e embala seu virgem indício

              COMO SE

pluma solitária perdida

salvo

que a encontre ou a evoque uma touca de meia-noite
       e imobilize
   no veludo amarrotado por um riso sombrio

      esta brancura rígida

derrisória
         em oposição ao céu
   demais
      para não marcar
         exiguamente
           quem quer que

    príncipe amargo do escolho

     dela se penteie como do heroico
       irresistível mas contido
     por sua irrisória razão viril
           em fúria

inquieto
        expiratório e púbere
                        mudo

          A lúcida e senhorial crista
              na face invisível
       cintila
           depois sombreia
uma estatura delicada tenebrosa
      em sua torsão de sereia

com impacientes escamas últimas

riso

que

SE

de vertigem

de pé

o tempo
de esbofetear
bifurcadas

uma rocha

falsa mansão
súbito
evaporada em brumas

que impôs
uma borda ao infinito

FOSSE
saída estelar

SERIA
pior

não

mais nem menos

indiferentemente mas tanto quanto

O NÚMERO

EXISTIRIA
distinto da alucinação esparsa da agonia

COMEÇARIA E CESSARIA
surdindo de negado e ocluso quando surgido
enfim
por alguma profusão ampliada em raridade

CIFRAR-SE-IA

evidência da soma por pouco apenas uma

ILUMINARIA

O ACASO

Cai
    a pluma
        rítmico suspense do sinistro
                sepultar-se
        nas espumas originais
  de onde há pouco sobressaltou seu delírio até um cimo
            fenecido
      pela neutralidade idêntica da voragem

NADA

    da memorável crise
     ou se tivesse
      o acontecimento

cumprido em vista de todo resultado nulo
                              humano

                    TERÁ TIDO LUGAR
        uma elevação ordinária verte a ausência

                              SENÃO O LUGAR
inferior marulho qualquer como que para dispersar o ato vazio
               abruptamente que senão
                  por sua mentira
                    teria fundado
                      a perdição

nessas paragens
            do vago
                    em que toda realidade se dissolve

EXCETO
 na altitude
　　　　　TALVEZ
　　　　　　　　tão longe quanto um lugar

fusiona com além

                                fora o interesse
                quanto a ele assinalado
                                      em geral
segundo tal obliquidade por tal inclinação
                                                      de fogos

     versar para
               deve ser
                       o Setentrião também Norte

                                      UMA CONSTELAÇÃO

               fria de esquecimento e de desuso
                            não tanto
                       que ela não enumere
          sobre alguma superfície vacante e superior
                            o choque sucessivo
                                        sideralmente
          de um contar total em formação

vigiando
        duvidando
                rolando
                       brilhando e meditando

                            antes de se deter
             em algum ponto derradeiro que o sagre

           Todo Pensamento emite um Lance de Dados

Título	Um Lance de Dados
Autor	Stéphane Mallarmé
Organização e tradução	Álvaro Faleiros
Editor	Plinio Martins Filho
Produção editorial	Millena Machado
Editoração eletrônica	Camyle Cosentino
Capa	Casa Rex
Formato	18 x 27 cm
Número de páginas	112
Tipologia	Bembo Std
Papel	Chambril Avena 80g/m²
Impressão e acabamento	Bartira Gráfica